LE

CONCORDAT DE 1801

ET LES

ARTICLES ORGANIQUES

Vu et permis d'imprimer :

Marseille, le 12 Décembre 1893.

G. AMOUREL,
Sup. du Séminaire.

LE

CONCORDAT DE 1801

ET LES

Articles organiques du Culte Catholique

Avec toutes les modifications jusqu'à nos jours

———

TEXTES OFFICIELS ANNOTÉS

AVEC LES PROTESTATIONS DU PAPE PIE VII

CONTRE LES ARTICLES ORGANIQUES

PAR

Un Agent de Contentieux Administratif

———

MARSEILLE

LIBRAIRIE DE L'ŒUVRE DE DON BOSCO

78, rue des Princes, 78

—

1894

PRÉFACE

I. *Au milieu des discussions continuel-
les engagées dans la presse sur le Concordat de 1801 et les articles organiques,
il nous a paru opportun, en mettant à
profit nos travaux antérieurs sur la lé-
gislation ecclésiastique, de présenter l'en-
semble de ces très importants documents
en un petit volume, accessible à toutes les
bourses, et d'offrir ainsi aux catholiques
français un moyen facile de juger du tout
en connaissance de cause.*

*Il faut bien le reconnaître, à force d'en-
tendre dire que les diverses mesures édictées
contre la religion catholique ne sont qu'une
application des articles organiques, la plu-*

part de nos compatriotes, — par ignorance de ces articles, d'ailleurs difficiles à se procurer, — ont fini par croire que les dits articles étaient le complément nécessaire du Concordat et que le Pape les avait admis.

Il n'en est absolument rien. Au Concordat, œuvre de pacification religieuse, signé par le Saint-Siège et le gouvernement français, ont été joints par ce dernier les 77 articles organiques; et comme un bon nombre des articles organiques sont en opposition formelle avec les doctrines de l'Église, les souverains pontifes ont toujours protesté contre eux, et avec d'autant plus de raison que le pape Pie VII, cosignataire du Concordat, n'avait pas été consulté sur leur rédaction, et n'avait pu que protester le premier contre leur promulgation (le même jour que celle du Concordat).

Il y eut deux protestations de Pie VII: on les trouvera reproduites, avec les articles organiques, dans le 2e chapitre de notre ouvrage (le Concordat forme le 1er chapitre).

La 1re fut adressée par le fidèle cardinal Consalvi à M. Cacault, ambassadeur de France à Rome ; la 2e le fut par le cardinal-légat Caprara à M. de Talleyrand, ministre des affaires étrangères. Elles n'eurent guère de succès auprès du Gouvernement consulaire ; mais elles tracèrent aux catholiques la voie à suivre pour combattre la nouvelle loi religieuse.

La plus importante des protestations, la deuxième, discute les articles les uns après les autres : aussi avons-nous tenu à la diviser en plusieurs parties, correspondant aux articles incriminés, et à insérer ces parties au fur et à mesure des articles, dont elles sont le meilleur commentaire.

A ces différents éléments, Concordat, articles organiques et protestations, nous avons ajouté des notions variées sur les articles du Concordat et les articles organiques, ainsi que toutes les modifications survenues depuis l'an X, de manière à rendre notre résumé très intéressant et très utile à consulter.

Que les catholiques veuillent bien lire attentivement notre manuel ! Ils y trouveront tous les renseignements nécessaires pour réfuter victorieusement les attaques dirigées contre leur foi et la liberté de leur culte.

Marseille, le 1er Décembre 1893.

LE

CONCORDAT DE 1801

ET LES

ARTICLES ORGANIQUES

CHAPITRE I

LE CONCORDAT

Le Concordat fut signé à Paris le 26 messidor an IX (15 juillet 1801) entre les deux Gouvernements pontifical et français, avec clause de ratification à Paris dans l'espace de 40 jours. A Rome, le Pape Pie VII donna (15 août 1801, 18 des calendes de septembre) la bulle *Ecclesia Christi* pour sa promulgation et les ratifications furent échangées le 23 fructidor an IX (10 septembre 1801). L'arrêté du 29 germinal an X (19 avril 1802) ordonna de publier la bulle *Ecclesia Christi*.

Le Concordat fut promulgué en France par la loi du 18 germinal an X (8 avril 1802), avec les *articles organiques*, dont nous parlerons au chapitre suivant, et contre lesquels les papes ont protesté à bon droit, les dits articles ayant été ajoutés au Concordat, sans que Pie VII, le cosignataire de la Convention de 1801, ait été consulté.

Texte officiel du Concordat.

1. *Préliminaires.* — « Le premier consul de la République française et Sa Sainteté le souverain Pontife Pie VII ont nommé pour leurs plénipotentiaires respectifs :

« Le premier Consul : les citoyens *Joseph Bonaparte*, conseiller d'État ; *Crétet*, conseiller d'État ; et *Bernier*, docteur en théologie, curé de Saint-Laud d'Angers, munis de pleins pouvoirs ;

« Sa Sainteté : Son Eminence Monseigneur *Hercule Consalvi*, cardinal de la sainte Église romaine, diacre de Sainte-Agathe ad Suburram, son secrétaire d'État ; *Joseph*

Spina, archevêque de Corinthe, prélat do-
mestique de Sa Sainteté, assistant au trône
pontifical ; et le *Père Caselli,* théologien con-
sultant de sa Sainteté, pareillement munis de
pleins pouvoirs en bonne et due forme.

« Lesquels, après l'échange des pleins
pouvoirs respectifs, ont arrêté la convention
suivante. » :

Convention entre le gouvernement français et Sa Sainteté Pie VII.

« Le gouvernement de la République française reconnaît que la religion catholique,
apostolique et romaine est la religion de la
grande majorité des Français. Sa Sainteté
reconnaît également que cette même religion
a retiré et attend encore en ce moment le plus
grand bien et le plus grand éclat du rétablissement du culte catholique en France, et de
la profession particulière qu'en font les consuls de la République.

« En conséquence, d'après cette reconnais-
sance mutuelle, tant pour le bien de la re-

ligion que pour le maintien de la tranquillité intérieure, ils sont convenus de ce qui suit :

ARTICLE I

« La religion catholique, apostolique et romaine sera librement exercée en France. Son culte sera public, en se conformant aux règlements de police que le Gouvernement jugera nécessaires pour la tranquillité publique ». — Les *articles organiques* sont venus restreindre considérablement la liberté du culte catholique proclamée par le Concordat. Relativement à cet article premier, on lit dans les mémoires si intéressants de l'illustre cardinal Consalvi : 1° que le cardinal, sachant par expérience jusqu'où les légistes poussaient les prétentions sur le droit hypothétique du prince à réglementer le culte extérieur, jusqu'à vouloir soumettre en tout l'Église à la juridiction laïque, appréhendait l'addition si indéfinie et si élastique « en se conformant toutefois aux règlements de police », — demanda qu'on restreignît cette proposition et que, par

là, on la rendît aux yeux du cardinal et de l'É-
glise qu'il représentait, innocente et admissi-
ble ; 2° que les commissaires finirent par accé-
der à la proposition et signèrent le Concordat
ainsi modifié ; 3° que le lendemain, le premier
Consul accepta à son tour et que, immédiatement après, la nouvelle s'en répandit dans
tout Paris, où la joie fut universelle.

Les *Mémoires du cardinal Consalvi*,
écrits durant son exil à Reims (1812), sont
très curieux à lire. M. Crétineau-Joly, dans
son *Église romaine en face de la Révolution*, les cite, en les traduisant de l'italien,
dans le tome premier de l'ouvrage. Le cardinal mourut en janvier 1824, universelle-
ment regretté : il était né en juillet 1757.

ARTICLE II

« Il sera fait par le Saint-Siège, de concert
avec le Gouvernement, une nouvelle circonscription des diocèses. » — Conformément à
cet article, la nouvelle circonscription fit
l'objet de la bulle *Qui Christi,* du 29 no-

vembre 1801 (ou 3 des calendes de décembre 1801), qu'ordonna de publier en France l'arrêté du 29 germinal an X (19 avril 1802). Des modifications furent apportées à la circonscription diocésaine par la bulle du 10 octobre 1822 (Ord. du 31 octobre 1822) et par plusieurs autres.

L'article 58 organique fixa ainsi le nombre des diocèses : 10 archevêchés et 50 évêchés, nombres mentionnés dans la bulle *Qui Christi*. Aujourd'hui, il y a en France, colonies non comprises, 18 archevêchés (1 à Alger) et 69 évêchés (2 en Algérie et 1 en Corse) : voir le tableau à l'article 59 organique.

Article III

« Sa Sainteté déclarera aux titulaires des évêchés français qu'elle attend d'eux, avec une ferme confiance, pour le bien de la paix et de l'unité, toute espèce de sacrifices, même celui de leurs sièges.

« D'après cette exhortation, s'ils refusaient à ce sacrifice commandé par le bien de l'Église (refus néanmoins auquel Sa Sainteté ne s'attend pas), il sera pourvu, par de nouveaux titulaires, au gouvernement des évêchés de la circonscription nouvelle, de la manière suivante :

ARTICLE IV

« Le premier Consul de la République nommera, dans les trois mois qui suivront la publication de la bulle de Sa Sainteté, aux archevêchés et évêchés de la circonscription nouvelle. Sa Sainteté conférera l'institution canonique suivant les formes établies par rapport à la France avant le changement de gouvernement. » —Voir les articles organiques 16 et suivants. Le pape seul peut donner l'institution canonique ; et en cas de refus de sa part, le Gouvernement ne pourrait que choisir d'autres candidats.

On appelle *bulle* un écrit sur parchemin gris, scellé d'un sceau de plomb et daté dans l'ancien style romain de calendes, d'ides et de nones.

En vertu du concordat signé (1515-1516) entre François 1er et le pape Léon X, et qui dura jusqu'à la révolution, le roi nommait aux archevêchés et évêchés durant les six mois qui suivaient la vacance, et le pape confirmait la nomination. Si le pape n'accordait pas cette confirmation, le roi devait, dans l'espace de trois mois, nommer de nouveaux titulaires; sinon, le pape procédait lui-même à la nomination.

ARTICLE V

« Les nominations aux évêchés qui vaqueront dans la suite seront également faites par le premier Consul, et l'institution canonique sera donnée par le Saint-Siège, en conformité de l'article précédent. » — Voir l'article 4 précédent, ainsi que les articles organiques 16 et suivants.

ARTICLE VI

« Les évêques, avant d'entrer en fonctions, prêteront directement, entre les mains du premier Consul, le serment de fidélité qui était en usage avant le changement de gouvernement, exprimé dans les termes suivants :

« Je jure et je promets à Dieu, sur les saints Évangiles, de garder obéissance et fidélité au gouvernement établi par la Constitution de la République française. Je promets aussi de n'avoir aucune intelligence, de n'assiter à aucun conseil, de n'entretenir aucune ligue, soit au dedans, soit au dehors, qui soit contraire à la tranquillité publique ; et si, dans mon diocèse ou ailleurs, j'apprends qu'il se trame quelque chose au préjudice de l'État, je le ferai savoir au Gouvernement. »

ARTICLE VII

« Les ecclésiastiques de second ordre prêteront le même serment entre les mains de l'autorité civile désignée par le Gouvernement. » — Art. reproduit par l'art. 27 organique et tombé en désuétude.

ARTICLE VIII

« La formule de prière suivante sera récitée

à la fin de l'office divin dans toutes les églises de France.:

>   Domine, salvam fac Rempublicam;
>   Domine, salvos fac Consules.
>   Seigneur, sauvez la République ;
>   Seigneur, sauvez les Consuls. » —

Aujourd'hui, on chante : *Domine, salvam fac Rempublicam, et exaudi nos in die quâ invocaverimus te*: Seigneur, sauvez la République et exaucez-nous dans le jour où nous vous aurons invoqué. — Voir l'article 51 organique.

ARTICLE IX

« Les évêques feront une nouvelle circonscription des paroisses de leurs diocèses, qui n'aura d'effet que d'après le consentement du Gouvernement. » — L'article organique 61 a reproduit cet article 9 en d'autres termes.

ARTICLE X

« Les évêques nommeront aux cures. Leur choix ne pourra tomber que sur des personnes agréées par le Gouvernement. » — Voir les articles 19 et 63 organiques.

Article XI

« Les évêques pourront avoir un chapitre dans leur cathédrale, et un séminaire pour leur diocèse, sans que le Gouvernement s'oblige à les doter. » — Voir les articles organiques 11, 23 à 25, 35, modifiant cet article 11 dans un sens restrictif.

Article XII

« Toutes les églises métropolitaines, cathédrales, paroissiales et autres non aliénées, nécessaires au culte, seront remises à la disposition des évêques. » — Une *église métropolitaine* est l'église d'un archevêque; une *église cathédrale* est celle d'un évêque. Voir l'article organique 75.

Article XIII

« Sa Sainteté, pour le bien de la paix et l'heureux rétablissement de la religion catholique, déclare que ni Elle ni ses successeurs ne troubleront en aucune manière les acquéreurs des biens ecclésiastiques aliénés, et qu'en conséquence la propriété de ses mêmes biens, les droits et revenus y attachés, demeureront incommutables entre leurs mains ou celles de leurs ayants cause. » — Par mesure de conciliation, le Pape Pie VII déclara *incommutables* la propriété, les droits et revenus des biens ecclésiastiques aliénés et acquis par les particuliers, c'est-à-dire que ces derniers eurent la certitude de ne pas être dépossédés des dits biens.

Il est bon de rappeler ici les mesures spoliatrices décrétées par la Révolution: le 2 novembre 1789, l'Assemblée nationale met les biens ecclésiastiques à la disposition de la nation, chargée de pourvoir convenablement aux frais du culte, à l'entretien de ses ministres, etc. — 28 octobre 1790 (loi du 5 Novembre 1790), l'Assemblée déclare entendre par biens nationaux les biens du clergé et des séminaires diocésains (ajournant ce qui concernait

les biens des fabriques et des fondations),
et décide que ces biens nationaux seront ven-
dus; — 10-18 février 1791 un décret ordonne la vente des meubles affectés à l'acquis des fondations ;- 19 août 1792, une loi
ordonne la vente des immeubles des fabriques
avec payement aux fabriques de l'intérêt à
4 0/0 du produit net de la vente ; — 24
août 1793, une loi défend l'inscription au
grand-livre des intérêts et rentes dus aux fabriques, la République étant chargée de pourvoir aux frais du culte à partir du 1 janvier
1794 ; — 13 brumaire an II (3 Novembre
1793), une loi déclare propriété nationale tout
l'actif des fabriques, et ainsi était consom-
mée la ruine des fabriques, qui se voyaient
dépouillées de leurs biens légitimes, provenant
des libéralités des fidèles des siècles passés.

ARTICLE XIV

« Le Gouvernement assurera un traitement
convenable aux évêques et aux curés dont les
diocèses et les paroisses seront compris dans

la circonscription nouvelle. » — Ce traitement n'est qu'une faible restitution des biens enlevés à l'Église de France par la Révolution. Voir les articles organiques 64 à 68.

Bien que l'arrêté du 18 nivôse an XI (8 janvier 1803) ait déclaré insaisissables les traitements ecclésiastiques, le Gouvernement a fait rendre par le Conseil d'État un avis motivé, en date du 26 avril 1883, aux termes duquel « le droit du Gouvernement de suspendre ou de supprimer les traitements par mesure disciplinaire s'applique indistinctement à tous les ministres du culte salariés par l'État. » Fort de cet avis, le Gouvernement a suspendu les traitements ecclésiastiques en maintes circonstances, frappant parfois des curés qui n'avaient rien commis de répréhensible, mais qui avaient eu le malheur de déplaire à quelques personnages influents.

ARTICLE XV

« Le Gouvernement prendra également des mesures pour que les catholiques français puis-

sent, s'ils le veulent, faire des fondations en faveur des églises. » — Voir l'article 73.

ARTICLE XVI

« Sa Sainteté reconnaît dans le premier Consul de la République française les mêmes droits
et prérogatives dont jouissait près d'Elle l'ancien Gouvernement. »

ARTICLE XVII

« Il est convenu entre les parties contractan-
tes que, dans le cas ou quelqu'un des successeurs du premier Consul actuel ne serait pas
catholique, les droits et prérogatives mentionnés dans l'article ci-dessus et la nomination
aux évêchés seront réglés, par rapport à lui,
par une nouvelle convention. »

« Les ratifications seront échangées à Paris
dans l'espace de quarante jours. »

Fait à Paris, le 26 messidor an IX (15
juillet 1801).

CHAPITRE II.

Les articles organiques.

(Loi du 18 germinal an X, 8 avril 1802)

PROTESTATIONS

I. — En même temps que le Concordat furent promulgués les 77 *articles organiques.* Ces derniers, ajoutés par le gouvernement consulaire au Concordat, contrat bilatéral, sans que le Pape ait été consulté, ont été naturellement condamnés par Pie VII, deuxième partie contractante du Concordat, et par ses successeurs. Bon nombre de ces articles sont contraires à l'esprit et à la tradition de l'Église et ne pouvaient être acceptés par les successeurs de Saint Pierre. Malheureusement, ces articles ont été, pour la généralité, appliqués

par les divers gouvernements qui se sont succédé en France, blessant ainsi les consciences
catholiques et provoquant les justes réclamations des souverains pontifes, des évêques et
des fidèles.

Dans un but de propagande, nous avons cru
utile de donner non seulement le texte des
articles organiques très peu connus, mais encore les protestations de Pie VII, cosignataire
du Concordat. La 2e protestation, visant les
articles répréhensibles, sera insérée au fur et
à mesure des articles.

La 1re protestation est celle qui fut relatée
dans la note du cardinal Hercule Consalvi à
M. Cacault, ministre plénipotentiaire de France
à Rome.

Après avoir parlé de l'heureuse publication du Concordat, le cardinal s'exprimait
ainsi : « Le soussigné entend parler, et toujours par ordre de Sa Sainteté, des *articles
organiques*, qui, inconnus à Sa Sainteté, ont
été publiés avec les 17 articles du Concordat,
comme s'ils en faisaient partie (ce que l'on croit

d'après la date et le mode de publication). Ces articles *organiques* sont représentés comme la forme et la condition du rétablissement de la religion catholique en France. Cependant plusieurs de ces articles, s'étant trouvés, aux yeux du Saint-Père, en opposition avec les règles de l'Église, Sa Sainteté ne peut pas, à cause de son ministère, ne pas désirer qu'ils reçoivent les modifications convenables et les changements nécessaires. Le Saint-Père a la plus vive confiance dans la religion et la sagesse du premier Consul, et le prie directe-tement d'accorder ces changements.

« Vous connaissez trop, citoyen ministre (vous êtes témoin tous les jours des senti-ments les plus intimes du Saint-Père), vous connaissez trop les sentiments d'estime, d'a-mitié et d'attachement paternel qu'il voue au gouvernement français, pour avoir besoin que le cardinal soussigné vous le fasse remarquer et vous excite à en faire bien connaître la sin-cérité et la constance. »

« Le cardinal soussigné vous prie, citoyen

ministre, d'agréer les assurances de sa consi—
dération la plus distinguée.

Signé : H. cardinal Consalvi. »

II. — La 2ᵉ protestation, la plus importante, est consignée dans la lettre suivante,
adressée (18 août 1803) à M. de Talleyrand,
ministre des affaires étrangères, par le cardinal J.-B. CAPRARA, archevêque-évêque
d'Iési (Italie), cardinal-prêtre du titre de Saint-
Onuphre et légat à *latere* du pape Pie VII. En
voici la teneur :

« Monseigneur, je suis chargé de réclamer
contre cette partie de la loi du 18 germinal
qu'on a désignée sous le nom *d'articles organiques*. Je remplis ce devoir avec d'autant
plus de confiance que je compte davantage sur
la bienveillance du Gouvernement et sur son
attachement sincère aux vrais principes de la
religion.

« La qualification qu'on donne à ces *articles* paraîtrait d'abord supposer qu'ils ne sont

que la suite naturelle et l'explication du Concordat religieux. Cependant, il est de fait qu'ils n'ont point été concertés avec le Saint-Siège ; qu'ils ont une extension plus grande que le Concordat, et qu'ils établissent en France un code ecclésiastique sans le concours du Saint-Siège.

« Comment Sa Sainteté pourrait-elle l'admettre, n'ayant pas même été invitée à l'examiner ? Ce Code a pour objet la doctrine, les mœurs, la discipline du clergé, les droits et les devoirs des évêques, ceux des ministres inférieurs, leurs relations avec le Saint-Siège et le mode d'exercice de leur juridiction.

« Or, tout cela tient aux droits imprescriptibles de l'Église. Elle a reçu de Dieu seul l'autorisation de décider les questions de la doctrine sur la foi ou sur la règle des mœurs, et de faire des canons ou des règles de discipline.

« M. d'Héricourt (*Lois ecclésiastiques de France*, 1ᵉ partie, chapitre 19, préambule), l'historien Fleury, les plus célèbres avocats généraux et M. de Castillon lui-même (*Réqui-sitoire contre les actes de l'assemblée du clergé en 1765*) avouaient ces vérités. Ce dernier reconnaît dans l'Église « le pouvoir qu'elle a reçu de Dieu pour conserver, par l'autorité de la prédication, des lois et des jugements, la règle de la foi et des mœurs, la discipline nécessaire à l'économie de son gouvernement, la succession et la perpétuité de son ministère. »

« Sa Sainteté n'a donc pu voir qu'avec une extrême douleur, qu'en négligeant de suivre ces principes, la puissance civile ait voulu régler, décider, transformer en loi des articles qui intéressent essentiellement les mœurs, la discipline, les droits, l'instruction et la juridiction ecclésiastiques. N'est-il pas à craindre que cette innovation n'engendre les défiances, qu'elle ne fasse croire que l'É-glise de France est asservie, même dans les objets purement spirituels, au pouvoir tempo-rel, et qu'elle ne détourne de l'acceptation des places beaucoup d'ecclésiastiques méritants ?

Que sera-ce si nous envisageons chacun de
ces articles en particulier.

« Le premier veut..... » Voir la suite aux
articles organiques 1, 2, 3, 6, 9, 10, 11,
14, 15, 17, 22, 23, 24, 25, 26, 35, 36,
54, 55, 61, 74.

LES ARTICLES ORGANIQUES

**Titre I. — Du régime de l'Église catholique
dans ses rapports généraux avec les droits
et la police de l'État.**

ARTICLE I

« Aucune bulle, aucun bref, rescrit, décret,
mandat, provision, signature servant de provision, ni autres expéditions de la cour de
Rome, même ne concernant que les particuliers, ne pourront être reçus, publiés, imprimés, ni autrement mis à exécution sans l'autorisation du Gouvernement. »

Commentaire. — On appelle *bulle* un
écrit sur parchemin gris avec un sceau de

plomb ; elle est datée dans l'ancien style romain de calendes, ides, nones. Le *bref*, sur parchemin blanc, a un sceau à l'encre rouge ; sa formule est : *sous l'anneau du pêcheur*, (sub annulo piscatoris) . Le *rescrit* n'est qu'une réponse à une pétition ou consultation.

Relativement à cet article, le cardinal Caprara disait dans sa protestation : « Le premier article veut qu'aucune bulle, qu'aucun bref, rescrit, etc., émanés du Saint-Siège, ne puissent être mis à exécution ni même publiés sans l'autorisation du Gouvernement. » Cette disposition, prise dans toute son étendue, ne blesse-t-elle pas évidemment la liberté de l'enseignement ecclésiastique ? Ne soumet-elle pas la publication des vérités chrétiennes à des formalités gênantes ? Ne met-elle pas les décisions concernant la foi et la discipline sous la dépendance absolue du pouvoir temporel ? Ne donne-t-elle pas à la puissance qui serait tentée d'en abuser les droits et les facilités d'arrêter, de surprendre, d'étouffer même le langage de la vérité, qu'un

Pontife fidèle à ses devoirs voudrait adresser aux peuples confiés à sa sollicitude ? »

« Telle ne fut jamais la dépendance de l'Église, même dans les premiers siècles du christianisme. Nulle puissance n'exigeait alors la vérification de ses décrets. Cependant elle n'a pas perdu de ses prérogatives en recevant les empereurs dans son sein. Elle doit jouir de la même juridiction dont elle jouissait sous les empereurs païens. Il n'est jamais permis d'y donner atteinte, parce qu'elle la tient de Jésus-Christ. »

« Avec qu'elle peine le Saint-Siège ne doit-il donc pas voir les entraves qu'on veut mettre à ses droits ? Le clergé de France reconnaît lui-même que les jugements émanés du Saint-Siège , *et auxquels adhère le corps épiscopal*, sont irréfragables.

« Pourquoi auraient-ils donc besoin de l'autorisation du Gouvernement puisque, suivant les principes gallicans, ils tirent toute leur force de l'autorité qui les prononce et de celle qui les admet ! *Le successeur de Pierre doit*

confirmer ses frères dans la foi, suivant les
expressions de l'Écriture ; or, comment pour-
ra-t-il le faire, si, sur chaque article qu'il en-
seignera, il peut être à chaque instant arrêté
par le refus ou le défaut de vérification de la
part du Gouvernement temporel ? Ne suit-il
pas évidemment de ces dispositions que l'É-
glise ne pourra plus savoir ni croire que ce
qu'il plaira au Gouvernement de laisser publier ? Cet article blesse la délicatesse et le
secret constamment observés à Rome dans les
affaires de la Pénitencerie. Tout particulier
peut s'y adresser avec confiance et sans crain-
te de voir ses faiblesses devoilées. Cependant
cet article, qui n'excepte rien, veut que les
brefs, même personnels, émanés de la Pénitencerie, soient vérifiés. Il faudra donc que les
secrets des familles et la suite malheureuse des
faiblesses humaines soient mis au grand jour
pour obtenir la permission d'user de ces brefs.
Quelle gêne ! quelles entraves ! Le Parlement
lui-même ne les admettait pas, car il exceptait de
la vérification les *provisions, les brefs de la*

Pénitencerie et autres expéditions concernant les affaires des particuliers. »

En 1810 seulement, le Gouvernement fit droit à cette dernière partie de la réclamation du card. Caprara par le décret suivant, du 28 février (*Art. I*er). « Les brefs de la Pénitencerie, pour le for intérieur seulement, pourront être exécutés sans aucune autorisation. » — La *Pénitencerie,* administration pontificale, transmet les absolutions ainsi que les dispenses réservées au pape dans les cas secrets et pour le for intérieur.

ARTICLE II

« Aucun individu se disant *nonce, légat, vicaire, ou commissaire apostolique,* ou se prévalant de toute autre dénomination, ne pourra, sans la même autorisation, exercer sur le sol français ni ailleurs aucune fonction relative aux affaires de l'Église gallicane. »

Commentaire. — Le *légat à latere* est un ambassadeur du pape chargé d'une mission spéciale. Le *nonce* est l'ambassadeur du pape

auprès d'une puissance, l'intermédiaire entre
le pape et l'épiscopat de cette puissance.

Sur cet article, le card. Caprara disait : « Le
deuxième article déclare qu'aucun légat, nonce
ou délégué du Saint-Siège ne pourra exercer
ses pouvoirs en France sans la même autorisation. » Je ne puis que répéter les justes ob-
servations que je viens de faire sur le premier article. L'un frappe la liberté d'enseignement dans sa source ; l'autre l'atteint dans ses
agents. Le 1er met des entraves à la publication de la vérité ; le second, à l'apostolat de
ceux qui sont chargés de l'annoncer. Cependant Jésus-Christ a voulu que sa parole fût
constamment libre, qu'on pût la prêcher sur
les toits, dans toutes les nations et auprès de
tous les gouvernements. Comment allier ce
dogme catholique avec l'indispensable formalité d'une vérification de pouvoirs et d'une permission civile de les exercer ? Les apôtres et
les premiers pasteurs de l'Église naissante eus-
sent-ils pu prêcher l'Évangile si les gouvernements eussent exercé sur eux un pareil droit? »

ARTICLE III

« Les décrets des synodes-étrangers, même ceux des conciles généraux, ne pourront être publiés en France avant que le Gouvernement en ait examiné la forme, leur conformité avec les lois, droits et franchises de la République française, et tout ce qui, dans leur publication, pourrait altérer ou intéresser la tranquillité publique. »

Commentaire. — Les décrets du concile général du Vatican (1870) ont été publiés librement.

Sur cet article, le cardinal Caprara disait : « Le troisième article étend cette mesure aux canons des conciles même généraux. Ces assemblées si célèbres n'ont eut nulle part, plus qu'en France, de respect et de vénération. Comment se fait-il donc que chez cette même nation elles éprouvent tant d'obstacles, et qu'une formalité civile donne le droit d'en éluder, d'en rejeter même les décisions.

« On veut, dit-on, les examiner ; mais *la*

*voie d'examen, en matière religieuse, est
proscrite dans le sein de l'Église catholique*; il n'y a que les communions protes-
tantes qui l'admettent, et de là est venue
cette étonnante variété qui règne dans leurs
croyances. Quel serait d'ailleurs le but de
ces examens ? Celui de reconnaître si les canons des conciles sont conformes aux lois
françaises? Mais si plusieurs de ces lois, telles
que celles sur le divorce, sont en opposition
avec le dogme catholique, il faudra donc rejeter les canons et préférer ces lois, quelque
injuste et erroné qu'en soit l'objet. Qui
pourra adopter une pareille conclusion ? Ne
serait-ce pas sacrifier la religion, ouvrage de
Dieu même, aux ouvrages toujours imparfaits
et souvent injustes des hommes ?

« Je sais que notre obéissance doit être
raisonnable ; mais n'obéir qu'avec des motifs suffisants n'est pas avoir le droit, non
seulement d'examiner, mais de rejeter arbitrairement ce qui nous déplaît.

« Dieu n'a promis l'infaillibilité qu'à son

Église ; les sociétés humaines peuvent se tromper, les plus sages législateurs en ont été la preuve. Pourquoi donc comparer les décisions *d'une autorité irréfragable* avec celles d'une puissance qui peut errer, et faire, dans cette comparaison, pencher la balance en faveur de cette dernière ?

« Chaque puissance a d'ailleurs les mêmes droits. Ce que la France ordonne, l'Espagne et l'Empire peuvent l'exiger ; et comme les lois sont partout différentes, il s'ensuivra que l'enseignement de l'Église devra varier suivant les peuples, pour se trouver d'accord avec les lois.

« Dira-t-on que le Parlement français en agissait ainsi ? Je le sais ; mais il n'examinait, suivant sa déclaration du 24 mai 1766, que ce qui pouvait, dans la publication des canons et des bulles, altérer ou intéresser la tranquillité publique, et non leur conformité avec des lois qui pouvaient changer dès le lendemain.

« Cet abus d'ailleurs ne pourrait être légitimé par l'usage. Et le Gouvernement en sentait si bien les inconvénients qu'il disait au Parlement de Paris, le 5 avril 1757, par l'organe de M. d'Aguesseau : « Il semble qu'on cherche à affaiblir le pouvoir qu'a l'Église de faire des décrets, en le faisant tellement dépendre de la puissance civile et de son concours que, sans ce concours, les plus saints décrets de l'Église ne puissent obliger les sujets du roi. » Enfin cet examen n'avait lieu, dans les parlements, suivant la déclaration de 1766, que pour rendre les décrets de l'Église lois de l'État, et en ordonner l'exécution, avec défense, sous les peines temporelles, d'y contrevenir. Or, ces motifs ne sont pas ceux qui dirigent aujourd'hui le Gouvernement, puisque la *religion catholique n'est plus la religion de l'État*, mais uniquement celle de la majorité des Français. »

ARTICLE IV.

« Aucun concile national ou métropolitain, aucun synode diocésain, aucune assemblée déli-

bérante n'aura lieu sans la permission expresse
du Gouvernement. » — Cet article est contraire à la liberté des cultes. Sous l'Empire,
plusieurs conciles ont été tenus sans autorisation. Sous la République actuelle, divers conciles ont été tenus également sans autorisation.

ARTICLE V

« Toutes les fonctions ecclésiastiques seront
gratuites, sauf les oblations qui seraient auto-
risées et fixées par les règlements. »

ARTICLE VI

« Il y aura recours au Conseil d'État dans
tous les cas d'abus de la part des supérieurs et
autres personnes ecclésiastiques.

« Les cas d'abus sont : l'usurpation ou l'excès
de pouvoir, la contravention aux lois et règlements de la République, l'infraction des
règles consacrées par les canons reçus en
France, l'attentat aux libertés, franchises et
coutumes de l'Église gallicane, et toute entreprise ou procédé qui, dans l'exercice du culte,

peut compromettre l'honneur des citoyens, troubler arbitrairement leur conscience, dégénérer contre eux en oppression, ou en injure, ou en scandale public. »

Commentaire. — Le second Empire et la 3e République ont poursuivi pour abus des évêques et archevêques pour leurs écrits ou la publication d'actes émanés du Saint-Siège.

D'après la jurisprudence du Conseil d'État et de la Cour de Cassation, les délits commis par les ministres du culte dans l'exercice de leurs fonctions ne peuvent être déférés aux tribunaux qu'après autorisation du Conseil d'État. — Voir aux articles 52, 54 organiques.

D'après le Conseil d'État, il n'y a pas abus de la part d'un curé qui chasse de l'église un perturbateur ou qui fait enlever des emblèmes sur un cercueil dans des circonstances spéciales, — qui refuse l'absolution, — qui refuse d'entendre une confession, — qui refuse d'accepter certaines personnes comme parrains ou marraines, etc.

De même, il ne saurait y avoir abus de la part de l'évêque qui révoque un desservant, un vicaire, — qui interdit un prêtre et en avertit les diocésains, etc.

Le cardidinal Caprara critiqua ainsi l'article 6 : « L'article 6 déclare qu'il y aura recours au conseil d'État pour tous les cas d'abus. Mais ces abus, quels sont-ils ? L'article ne les spécifie que d'une manière générique et indéterminée. On dit, par exemple, qu'un des cas d'abus est *l'usurpation* ou *l'excès* de pouvoir. Mais en matière de juridiction spirituelle, l'Église en est seule le juge. Il n'appartient qu'à elle de déclarer *en quoi l'on a excédé ou abusé des pouvoirs qu'elle seule peut conférer.* La puissance temporelle ne peut connaître de *l'abus excesssif* d'une chose qu'elle n'accorde pas.

« Un second *cas d'abus* est la *contravention aux lois et règlements de la République* ; mais si ces lois, si ces règlements sont en opposition avec la doctrine chrétienne, faudra-t-il que le prêtre les observe de préférence à la loi de Jésus-Christ ? Telle ne fut jamais l'intention du Gouvernement ?

« On range encore dans la classe des abus : l'infraction des règles consacrées en France par les saints canons. Mais ces règles ont dû émaner de l'Église. C'est donc à elle seule de prononcer sur leur infraction, car elle seule en connaît l'esprit et les dispositions.

« On dit enfin qu'il y a lieu à *l'appel comme d'abus* pour toute entreprise qui tend à compromettre l'honneur des citoyens, à troubler leur conscience, ou qui dégénère contre eux en oppression, injure ou scandale public.

« Mais si un divorcé, un hérétique, connu en public, se présente pour recevoir les sacre-ments et qu'on les lui refuse, il prétendra qu'on lui a fait injure, il criera au scandale, il portera sa plainte ; on l'admettra d'après la loi, et cependant le prêtre inculpé n'aura fait que son devoir, puisque les sacrements ne doivent jamais être conférés à des person—nes notoirement indignes.

« En vain s'appuierait-on sur l'usage constant des *appels comme d'abus*. Cet usage
ne remonte pas au delà du règne de Philippe
de Valois, mort en 1350. Il n'a jamais été
constant ni uniforme ; il a varié suivant les
temps ; les parlements avaient un intérêt particulier à les accréditer : ils augmentaient
leurs pouvoirs et leurs attributions ; mais ce
qui flatte n'est pas toujours juste. Aussi
Louis XIV, par l'édit de 1695, articles 34,
35, 36, 37, n'attribuait-il aux magistrats
séculiers que *l'examen* des formes, en leur
prescrivant de renvoyer le *fond* au *supé-
rieur ecclésiastique*. Or, cette restriction
n'existe nullement dans les *articles organiques*. Ils attribuent indistinctement au Conseil
d'État le jugement de la forme et celui du
fond. D'ailleurs les magistrats qui pronon-
çaient alors sur ces cas d'abus étaient néces-
sairement catholiques ; ils étaient obligés de
l'affirmer sous la foi du serment ; tandis
qu'aujourd'hui ils peuvent appartenir à des
sectes séparées de l'Église catholique, et

avoir à prononcer sur des objets qui l'intéressent essentiellement. »

ARTICLE VII

« Il y aura pareillement recours au Conseil d'État s'il est porté atteinte à l'exercice
public du culte et à la liberté que les lois et
règlements garantissent à ses ministres.

« Le recours peut avoir lieu aussi bien
contre les particuliers que contre les fonctionnaires. »

ARTICLE VIII

« Le recours compétera à toute personne
intéressée. A défaut de plainte particulière,
il sera exercé d'office par les préfets.

« Le fonctionnaire public, l'ecclésiastique
ou la personne qui voudra exercer ce recours, adressera un mémoire détaillé et signé
au conseiller d'État chargé de toutes les affaires concernant les cultes (aujourd'hui au ministre des cultes), lequel sera tenu de prendre, dans le plus court délai, tous les rensei-

gnements convenables ; et, sur son rapport, l'affaire sera suivie et définitivement terminée dans la forme administrative, ou renvoyée, selon l'exigence des cas, aux autorités compétentes. » La bonne foi peut-être admise, et alors l'abus seul est prononcé, et il n'y a pas de renvoi devant les tribunaux.

Titre II. — Des ministres du culte.

SECTION I. — DISPOSITIONS GÉNÉRALES.

ARTICLE IX

« Le culte catholique sera exercé sous la direction des archevêques et évêques dans leurs diocèses, et sous celle des curés dans leurs paroisses. »

Commentaire . — D'après le décret du 7 germinal an XIII (28 mars 1805), les livres liturgiques, de prières, ne peuvent être imprimés ou réimprimés sans la permission des évêques, permission qui doit être impri-

mée textuellement en tête de chaque exem-
plaire ; et les libraires ou imprimeurs qui
feraient le contraire seraient poursuivis. D'a-
près la Cour de Cassation (9 juin 1843), la
permission est personnelle à l'imprimeur et
doit être renouvelée à chaque édition.

Sur l'article 9, le cardinal Caprara disait :
« L'article 9 veut que le culte soit exercé
sous la *direction* des archevêques, des évêques et des curés ; mais le mot *direction* ne
rend pas ici les droits des archevêques et des
évêques. Ils ont, de *droit divin*, non seulement le droit de *diriger*, mais encore celui de
définir, d'ordonner et de juger. Les pouvoirs
des curés dans les paroisses ne sont point les
mêmes que ceux des évêques dans les diocèses.
On n'aurait donc pas dû les exprimer de la
même manière et dans un même article, pour
ne pas supposer une identité qui n'existe pas.
Pourquoi d'ailleurs ne pas faire ici mention des
droits de Sa Sainteté, chef des archevêques et
des évêqnes ? A-t-on voulu lui ravir un droit
général qui lui appartient essentiellement ? »

ARTICLE X

« Tout privilège portant exemption ou attribution de la juridiction épiscopale est aboli. »

Commentaire. — Cet article contraire au droit de juridiction de l'Église, a été combattu ainsi par le cardinal Caprara :

« L'article 10, en abolissant toute exemption ou attribution de la juridiction épiscopale, prononce évidemment sur une matière purement spirituelle, car si les territoires exempts sont aujourd'hui soumis à l'Ordinaire, ils ne le sont qu'en vertu d'un règlement du Saint-Siège : lui seul donne à l'Ordinaire une juridiction qu'il n'avait pas.

« Ainsi, en dernière analyse, la puissance temporelle aura conféré des pouvoirs qui n'appartiennent qu'à l'Église. Les exemptions, d'ailleurs, ne sont point aussi abusives qu'on l'a imaginé. Saint Grégoire lui-même les avait admises, et les puissances temporelles ont eu souvent le soin d'y recourir. »

ARTICLE XI

« Les archevêques et évêques pourront, avec l'autorisation du Gouvernement, établir dans leurs diocèses des chapitres cathédraux et des séminaires. Tous les autres établissements ecclésiastiques seront supprimés. »

Commentaire. — A rapprocher de l'article 11 du Concordat, qui donnait un pouvoir absolu aux évêques. Voir ci-après les articles 23 à 25, 35.

« L'article 11, disait le cardinal Caprara, supprime tous les établissements religieux, à l'exception des séminaires ecclésiastiques et des chapitres. A-t-on bien réfléchi sur cette suppression ? Plusieurs de ces établissements étaient d'une utilité reconnue ; le peuple les aimait : ils le secouraient dans ses besoins ; la piété les avait fondés ; l'Église les avait solennellement approuvés, sur la demande même des souverains : *elle seule pouvait donc en prononcer la suppression.* »

ARTICLE XII

« Il sera libre aux archevêques et aux évêques d'ajouter à leur nom le titre de *citoyen* ou celui de *Monsieur*. Toutes autres qualifications sont interdites. » — Aujourd'hui, les ministres appellent les évêques : *Monsieur l'évêque* ; mais les catholiques continuent de les appeler *Monseigneur*.

SECTION II. — *Des Archevêques ou Métropolitains*

ARTICLE XIII

« Les archevêques consacreront et installeront leurs suffragants. En cas d'empêchement ou de refus de leur part, ils seront suppléés par le plus ancien évêque de l'arrondissement métropolitain. » — Article tombé en désuétude.

ARTICLE XIV

« Ils veilleront au maintien de la foi et de la discipline dans les diocèses dépendant de leur métropole. »

Commentaire. « L'article 14, disait le cardinal Caprara, ordonne aux archevêques de veiller « au maintien de la foi et de la discipline dans les diocèses de leurs suffragants. Nul devoir n'est plus indispensable, ni plus sacré ; mais il est aussi le devoir du Saint-Siège pour toute l'Église. Pourquoi donc n'avoir pas fait mention dans l'article de cette surveillance générale ? Est-ce un oubli ? est-ce une exclusion ? »

ARTICLE XV

« Ils connaîtront des réclamations et des plaintes portées contre la conduite et les décisions des évêques suffragants. »

Commentaire. « L'article 15, disait le cardinal Caprara, autorise les archevêques à connaître des réclamations et des plaintes portées contre la conduite et les décisions des évêques suffragants. Mais que feront les évêques si les métropolitains ne leur rendent pas justice ? A qui s'adresseront-ils pour l'obtenir ? A quel tribunal en appelleront—ils de la conduite des

archevêques à leur égard ? C'est une difficulté
d'une importance majeure et dont on ne parle
pas. Pourquoi ne pas ajouter que le souverain
Pontife peut alors connaître de ces différends
par voie d'appellation, et prononcer définitivement, suivant ce qui est enseigné par les
saints canons ? »

SECTION III. — *Des évêques, des vicaires généraux et des séminaires.*

ARTICLE XVI

« On ne pourra être nommé évêque avant
l'âge de trente ans, et si l'on n'est originaire
français. » — Le droit canonique exige le
grade de docteur en théologie pour l'épiscopat ;
mais les bulles d'institution canonique en dis-
pensent quand le candidat n'est pas docteur.
Pendant la vacance du siège, le concile de
Trente exige le grade de docteur en théologie
pour le vicaire capitulaire. L'ord. du 25 décembre 1830, article 2, exigea, pour l'évê-

que, comme pour le vicaire général et le cha-
noine, et pour le curé d'une ville chef-lieu
de département ou d'arrondissement : 1° le
grade de licencié en théologie ; 2° l'exercice
des fonctions de curé ou de desservant pendant 15 ans.

ARTICLE XVII

« Avant l'expédition de l'arrêté de nomination, celui ou ceux qui seront proposés seront tenus de rapporter une attestation de
bonnes vie et mœurs, expédiée par l'évêque
dans le diocèse duquel ils auront exercé les
fonctions du ministère ecclésiastique ; et ils
seront examinés sur leur doctrine par un évêque et deux prêtres, qui seront commis par
le premier Consul, lesquels adresseront le résultat de leur examen au conseiller d'État
chargé de toutes les affaires concernant les
cultes(le ministre des cultes). »

Commentaire. — « L'article 17, disait le
cardinal Caprara, paraît établir le Gouvernement juge de la foi, des mœurs et de la ca-

pacité des évêques nommés. C'est lui qui les fait examiner et qui prononce d'après les résultats de l'examen. Cependant le souverain Pontife a seul le droit de faire, par lui ou ses délégués, cet examen, parce que lui seul doit instituer canoniquement, et que cette institution canonique suppose évidemment, dans celui qui l'accorde, la connaissance acquise de la capacité de celui qui la reçoit. Le Gouvernement a-t-il prétendu nommer tout à la fois et se constituer juge de l'idonéité(du latin *idoneus*, apte)à tous les droits et usages reçus ? Ou veut-il seulement s'assurer, par cet examen, que son choix n'est pas tombé sur un sujet indigne de l'épiscopat ?·

« C'est ce qu'il importe d'expliquer. Je sais que l'ord. de Blois (mai 1579) prescrivait un pareil examen ; mais le Gouvernement consentit lui-même à y déroger. *Il fut statué par une convention secrète, que les nonces de Sa Sainteté feraient seuls ces informations.* On doit donc suivre aujourd'hui cette même marche, parce que l'article 4

du Concordat veut que *l'institution canonique soit conférée aux évêques dans les formes établies avant le changement de gouvernement.* »

Aujourd'hui le nonce du Pape, qui prend
les informations nécessaires, est intermédiaire entre le Gouvernement et le Saint-Siège,
relativement aux candidats à l'épiscopat.

Article XVIII

« Le prêtre nommé par le premier Consul
fera les diligences pour rapporter l'institution
du Pape. Il ne pourra exercer aucune fonction avant que la bulle portant son institution
ait reçu l'attache du Gouvernement, et qu'il
ait prêté en personne le serment prescrit par
la convention passée entre le Gouvernement
français et le Saint-Siège. Ce serment sera
prêté au premier Consul; il en sera dressé
procès-verbal par le secrétaire d'État. »

Commentaire. Comme corollaire de cet
article, il faut mentionner le décret suivant
du 7 janvier 1808 : « En exécution de l'art.

17 du code Napoléon (code civil), nul ecclésiastique français ne pourra poursuivre ni accepter la collation d'un évêché *in partibus*
faite par le Pape, s'il n'y a été préalablement
autorisé par nous, sur le rapport de notre
ministre des cultes (art. 1er). Nul ecclésiastique français, nommé à un évêché *in partibus*,
conformément aux dispositions de l'art. précédent, ne pourra recevoir la consécration avant
que ses bulles n'aient été examinées au Conseil d'État, et que nous n'en ayons permis la
publication (art. 2). » — L'art. 17 du code
civil porte : « Perdent la qualité de Français..... 3° Le Français qui, ayant accepté
des fonctions publiques conférées par un Gouvernement étranger, les conserve nonobstant
l'injonction du gouvernement français de les
résigner dans un délai terminé. »
Voir le *Concordat*, art. 6.

ARTICLE XIX

« Les évêques nommeront et institueront
les curés. Néanmoins, ils ne manifesteront

leur nomination, et ils ne donneront l'institution canonique qu'après que cette nomination
aura été agréée par le premier Consul. » – Voir
à l'art. 16 ce que nous avons dit de l'ord. de
1830 (25 décembre) : la même ord. (art. 3)
disait que pour être nommé curé de canton
il fallait être bachelier en théologie, et avoir
rempli pendant 10 ans les fonctions de curé
ou de desservant. Les conditions de grade ne
sont plus en vigueur. — Voir le *Concordat*,
art. 10.

ARTICLE XX

« Ils (les évêques) seront tenus de résider
dans leurs diocèses. Ils ne pourront en sortir
qu'avec la permission du premier Consul. »

ARTICLE XXI

« Chaque évêque pourra nommer deux vicaires généraux, et chaque archevêque pourra
en nommer trois. Ils les choisiront parmi les

prêtres ayant les qualités requises pour être évêques. »

Commentaire. Voir à l'art. 16. Les évêques peuvent avoir plus de vicaires généraux que le nombre fixé par l'art. 21 ; mais le Gouvernement ne reconnaît que ceux de l'art. 21.

Le chapitre dresse le procès-verbal d'installation des vicaires généraux (ord. 13 mars 1832). Nommés par l'évêque et révocables par lui, les vicaires généraux cessent leurs fonctions avec celles de l'évêque qui les a nommés : l'ord. du 29 septembre 1824 accorde un secours de 1500 fr. au vicaire général qui, payé par l'État, perd sa place après trois ans consécutifs d'exercice et n'est pas pourvu d'un canonicat, et cela jusqu'à l'obtention par le dit vicaire général d'un canonicat ou d'un autre titre ecclésiastique.

Le décret de 22 janvier 1853 fixa ainsi le traitement des vicaires généraux :

Paris :
- 1er vicaire général.. 4.500 fr.
- les 2 autres vicaires généraux.......... 3.500 fr.

Province :
- 1er vicaire général d'un archevêque.   3.500 fr.
- les 2 autres vicaires généraux d'un archevêque..........   2.500 fr.
- les vicaires généraux d'un évêque......   2.500 fr.

Les traitements sont payables par trimestre.

La circulaire du 31 décembre 1841 (Cultes) fit savoir que les vicaires généraux capitulaires touchaient un traitement annuel de 2,500 fr. Aujourd'hui les traitements sont ceux des vicaires généraux ordinaires.

Article XXII

« Ils (les évêques) visiteront annuellement et en personne une partie de leur diocèse, et, dans l'espace de cinq ans, le diocèse entier. En cas d'empêchement légitime, la visite sera faite par un vicaire général. »

« L'article 22, disait le cardinal Caprara, ordonne aux évêques de visiter leurs diocèses dans l'espace de cinq années. La discipline ecclésiastique restreignait davantage le temps de ces visites. L'Église l'avait ainsi ordonné pour de graves et solides raisons. Il semble, d'après cela, qu'il n'appartenait qu'à elle seule de changer cette disposition. » Il est évident que l'Église seule a réellement le droit de prescrire les délais pour les visites épiscopales.

ARTICLE XXIII

« Les évêques seront chargés de l'organisation de leurs séminaires, et les règlements de cette organisation seront soumis à l'approbation du premier Consul. » — Voir le *Concordat*, article 11, qui ne demandait aucune approbation. Voir l'art. 35 ci-après.

ARTICLE XXIV

« Ceux qui seront choisis pour l'enseignement dans les séminaires souscriront la déclaration faite par le clergé de France en 1682, et publiée par un édit de la même année. Ils se soumettront à y enseigner la doctrine qui y est contenue, et les évêques adresseront une expédition en forme de cette soumission au con-

seiller d'État chargé de toutes les affaires concernant les cultes (ministre des cultes). »

Commentaire. — L'édit du 23 mars 1682
publia la déclaration du clergé, si contraire
à la doctrine de l'Église ; mais Louis XIV
rétracta ce malheureux édit par sa lettre du
14 septembre 1693 au pape Innocent XII.
Malgré la protestation du Pape Pie VII, un
décret du 25 février 1810 déclara l'édit de
1682, bien que retracté par Louis XIV, loi
générale de l'Empire français, et en ordonna
l'exécution ; mais ces prescriptions sont tom-
bées en désuétude, et le concile du Vatican (1870) a condamné la déclaration. Voici
la protestation du cardinal Caprara relativement à l'article 24.

« On exige par l'article 24 que les directeurs des séminaires souscrivent à la déclaration de 1682, et enseignent la doctrine qui y
est contenue. Pourquoi jeter de nouveau au
milieu des Français ce germe de discorde ?
Ne sait-on pas que les auteurs de cette déclaration l'ont eux-mêmes désavouée ? Sa

Sainteté peut-elle admettre ce que ses prédécesseurs les plus immédiats ont eux-mêmes rejeté ? Ne doit-elle pas s'en tenir à ce qu'ils ont prononcé ? Pourquoi souffrirait-elle que l'organisation d'une Église, qu'elle relève au prix de tant de sacrifices, consacrât des principes qu'elle ne peut avouer ? Ne vaut-il pas mieux que les directeurs des séminaires s'engagent à enseigner une morale saine, plutôt qu'une déclaration qui fut et sera toujours une source de divisions entre la France et le Saint-Siège ? »

Article XXV

« Les évêques enverront toutes les années, à ce conseiller d'État (ministre des cultes), les noms des personnes qui étudieront dans les séminaires et qui se destineront à l'état ecclésiastique. »

Commentaire. — Le décret sur l'Uuniversité, du 17 mars 1808, complétait ainsi les précédents : « ..... L'instruction dans les séminaires dépend des archevêques et évêques, chacun dans son diocèse. Ils en nomment et révoquent les directeurs et professeurs. Ils sont seulement tenus de se conformer aux règlements par nous approuvés (article 3). » Ces règlements ne devraient pas avoir besoin de la sanction du pouvoir temporel.

« On veut, article 25, disait le cardinal Caprara, que les évêques envoient tous les ans l'état des ecclésiastiques étudiant dans leurs séminaires ; pourquoi leur imposer cette nouvelle gêne ? Elle a été inconnue et inusitée dans tous les siècles précédents. »

ARTICLE XXVI

« Les évêques ne pourront ordonner aucun ecclésiastique, s'il ne justifie d'une propriété produisant au moins un revenu annuel de 300 fr., s'il n'a atteint l'âge de 25 ans, et s'il ne réunit les qualités requises par les canons reçus en France. Les évêques ne feront aucune ordination avant que le nombre des personnes à ordonner n'ait été soumis au Gouvernement et par lui agréé. »

Commentaire.— Le dernier paragraphe de l'article, absolument contraire à la doctrine de l'Église, est tombé en désuétude.

D'après le concile de Trente, les âges requis sont : 24 ans révolus pour la prêtrise ; 22 ans révolus, pour le diaconat ; 21 ans révolus, pour le sous-diaconat. Mais l'Église accorde des dispenses suivant les circonstances.

Le premier paragraphe de l'article a été modifié ainsi par le décret de 28 février 1810 : « La disposition de l'art. 26 des lois organiques, portant que les évêques ne pourront ordonner aucun ecclésiastique, s'il ne justifie d'une propriété produisant au moins un revenu annuel de 300 francs, est rapportée (art. 2). La disposition du même article 26 des lois organiques, portant que les évêques ne pourront ordonner aucun ecclésiastique, s'il n'a atteint l'âge de 25 ans, est également rapportée (art 3). En conséquence, les évêques pourront ordonner tout ecclésiastique âgé de 22 ans accomplis ; mais aucun ecclésiastique, ayant plus de 22 ans et moins de 25, ne pourra être admis dans les ordres sacrés qu'après avoir justifié du consentement de ses parents, ainsi que cela est prescrit par les lois civiles pour le mariage des fils âgés de moins de 25 ans accomplis (article 4). » En vertu du droit canonique, les parents n'ont aucunement le droit de refuser à leurs enfants leur consentement pour recevoir les ordres sacrés.

« L'art. 26, disait le cardinal Caprara, veut qu'ils (les évêques) ne puissent ordonner que des hommes de 25 ans ; mais l'Église a fixé l'âge de 21 ans pour le sous-diaconat et celui de 24 ans accomplis pour le sacerdoce. Qui pourrait abolir ces usages, sinon l'Église elle-même ? Prétend-on n'ordonner, même des sous-diacres, qu'à 25 ans ? Ce serait prononcer l'extinction de l'Église de France par défaut de ministres, car il est certain que plus on éloigne le moment de recevoir les ordres, et moins ils sont conférés. Cependant tous les diocèses se plaignent de le disette des prêtres (que dirait le cardinal Caprara aujourd'hui, alors que la loi militaire du 15 juillet

1889 trouble si douloureusement le recrute-
ment du clergé ?) peut-on espérer qu'ils en
obtiennent, quand on exige pour les ordi-
nands un titre clérical de 300 fr de revenu ? Il est indubitable que cette clause
fera déserter partout les ordinations et les séminaires. Il en sera de même de la clause qui
oblige l'évêque à demander la permission du
Gouvernement pour *ordonner;* cette clause est
évidemment opposée à la liberté du culte ga-
rantie à la France catholique par l'article 1er du
dernier Concordat. Sa Sainteté désire, et le bien
de la religion l'exige que le Gouvernement adou-
cisse les rigueurs de ces dispositions sur ces
trois objets. » — Nous avons vu que le gouvernement impérial avait modifié en l'an
1810 l'article 26.

SECTION IV. — *Des curés*

ARTICLE XXVII

« Les curés ne pourront entrer en fonctions
qu'après avoir prêté entre les mains du préfet

le serment prescrit par la convention passée entre le Gouvernement et le Saint-Siège. Il sera dressé procès-verbal de cette prestation par le secrétaire général de la préfecture, et copie collationnée leur en sera délivrée. » — Article tombé en désuétude. Voir l'article 7 du Concordat.

Article XXVIII

« Ils seront mis en possession par le curé ou le prêtre que l'évêque désignera. » —Le procès-verbal d'installation des curés est dressé par le bureau des marguilliers (ord. du 13 mars 1832). — L'arrêté du 27 brumaire en XI, 18 novembre 1802 (article 6), complétait ainsi l'article 28. « Chaque curé devra être porteur d'une lettre par laquelle le conseiller d'État chargé des affaires des cultes (ministre des cultes) lui fera connaître que le Gouvernement agrée la nomination faite par l'évêque, et fixera l'époque de laquelle datera son traitement. Le traitement part de la prise de possession (ord. du 13 mars 1832) et, dans la pratique, les curés reçoivent une copie du décret gouvernemental. — Voir les articles organiques 66 à 68, 72 pour le traitement, le logement.

ARTICLE XXIX

« Ils seront tenus de résider dans leurs paroisses. »

ARTICLE XXX

« Les curés seront immédiatement soumis aux évêques dans l'exercice de leurs fonctions. » — Voir l'article 9 organique. — La police intérieure de l'église appartient au curé ou au desservant. Les curés sont inamovibles.

ARTICLE XXXI

« Les vicaires et desservants exerceront leur ministère sous la surveillance et la direction des curés. Ils seront approuvés par l'évêque et révocables par lui. » — Un desservant est le curé d'une *succursale,* c'est-à-dire d'une paroisse moins importante qu'une *cure* proprement dite : c'est, en réalité, un *curé*. Les desservants et les vicaires sont révocables ; ils ne sont pas inamovibles. D'après l'article 38 du décret du 30 décembre 1809 sur les fabriques, « le nombre des prêtres et des vicaires habitués à chaque église sera fixé par l'évêque, après que les marguilliers en auront délibéré, et que le conseil municipal de la commune aura donné son avis. »

Article XXXII

« Aucun étranger ne pourra être employé dans les fonctions du ministère ecclésiastique sans la permission du Gouvernement. »

Article XXXIII

« Toute fonction est interdite à tout ecclésiastique, même français, qui n'appartient à aucun diocèse. »

Article XXXIV

« Un prêtre ne pourra quitter son diocèse, pour aller desservir dans un autre, sans la permission de son évêque. » — La permission visée en l'article 34 est appelée *exeat* (latin : *qu'il sorte*), et ne doit pas être confondue avec le *dimissoire* (du verbe latin *dimittere*, laisser aller), ou permission donnée par l'évêque à un sujet né dans son diocèse pour se faire ordonner par un autre évêque.

SECTION V. — *Des chapitres cathédraux et du gouvernement du diocèse pendant la vacance du siège.*

ARTICLE XXXV

« Les archevêques et évêques, qui voudront user de la faculté qui leur est donnée d'établir des chapitres, ne pourront le faire sans avoir rapporté l'autorisation du Gouvernement, tant pour l'établissement lui-même que pour le nombre et le choix des ecclésiastiques destinés à les former. »

Commentaire.— Voir l'article 11 du Concordat, qui donnait toute liberté pour les chapitres.

Un *chapitre* est le corps des chanoines.
Voir l'article 16. — C'est le chapitre qui dresse
le procès-verbal d'installation des chanoines
(ordonnance du 13 mars 1832). Les traitements
des chanoines furent ainsi fixés : 2400 fr. à
Paris(ordonnance du 29 juin 1819); 1600 fr.
ailleurs(décret du 2 août 1858). Ils sont payables par trimestre.

« L'article 35, disait le cardinal Caprara,
exige que les évêques soient autorisés par
le Gouvernement pour l'établissement des chapitres. Cependant cette autorisation leur était
accordée par l'article 11 du Concordat. Pourquoi donc en exiger une nouvelle, quand
une convention solennelle a déjà permis ces
établissements ? La même obligation est im-
posée par l'article 23 pour les séminaires,
quoiqu'ils aient été, comme les chapitres, spé-
cialement autorisés par le Gouvernement. Sa
Sainteté voit avec douleur qu'on multiplie de
cette manière les entraves et les difficultés
pour les évêques. L'édit de mai 1763 exceptait formellement les séminaires de prendre des

lettres patentes ; et la déclaration du 16 juin 1659, qui paraissait les y assujettir, ne fut enregistrée qu'avec cette clause : « Sans préjudice des séminaires qui seront établis par les évêques pour l'instruction des prêtres seulement. » Telles étaient aussi les dispositions de l'ordonnance de Blois (mai 1579), article 24, et de l'édit de Melun, art. 1er.

« Pourquoi ne pas adopter ces principes ? A qui appartient-il de régler l'instruction dogmatique et morale, et les exercices d'un séminaire, sinon à l'évêque ? De pareilles matières peuvent-elles intéresser le gouvernement temporel ? »

Article XXXVI

« Pendant la vacance des sièges, il sera pourvu par le métropolitain et, à son défaut, par le plus ancien des évêques suffragants, au gouvernement des diocèses. Les vicaires généraux de ces diocèses continueront leurs fonctions, même après la mort de l'évêque, jusqu'à son remplacement. »

Commentaire. — Nous avons vu, article 21, que les vicaires généraux sont nommés et révoqués par l'évêque. Ils doivent cesser leurs fonctions à la mort de l'évêque et le chapitre nomme des vicaires généraux, vicaires capitulaires, pour le gouvernement du diocèse. L'article 36 était donc contraire à la doctrine de l'Église et fut aboli par le décret du 28 février 1810, ainsi conçu : « La disposition de l'article 36 des lois organiques, portant que les vicaires généraux des diocèses vacants continueront leurs fonctions, même après la mort de l'évêque, jusqu'à son remplacement, est rapportée (article 5). En conséquence, pendant les vacances des sièges, il sera pourvu, conformément aux lois canoniques, au gouvernement des diocèses. Les chapitres présenteront à notre ministre des cultes les vicaires généraux qu'ils auront élus, pour leur nomination être reconnue par nous (article 6). » — Voir les articles 21, 22, 38, 43.

« Il est de principe, disait le cardinal Caprara, que le vicaire général et l'évêque sont une seule personne, et que la mort de celui-ci entraîne la cessation des pouvoirs de l'autre. Cependant, au mépris de ce principe, l'article 36 proroge aux vicaires généraux leurs pouvoirs après la mort de l'évêque. Cette prorogation n'est-elle pas évidemment une concession de pouvoirs spirituels faite par le Gouvernement sans l'aveu et même contre l'usage reçu dans l'Église ? Ce même article veut que les diocèses, pendant la vacance du siège, soient gouvernés par le métropolitain ou le plus ancien évêque. Mais ce gouvernement consiste dans une juridiction purement spirituelle. Comment le pouvoir temporel pourrait-il l'accorder ? Les chapitres seuls en sont en possession ; pourquoi la leur enlever, puisque l'article 11 du Concordat autorise les évêques à les établir ? »

ARTICLE XXXVII

« Les métropolitains, les chapitres cathédraux seront tenus, sans délai, de donner avis au Gouvernement de la vacance des sièges et des mesures qui auront été prises pour le gouvernement des diocèses vacants. »

ARTICLE XXXVIII

« Les vicaires généraux qui gouverneront pendant la vacance, ainsi que les métropolitains ou capitulaires, ne se permettront aucune innovation dans les usages et coutumes des diocèses. »

Titre III. — Du culte.

ARTICLE XXXIX

« Il n'y aura qu'une liturgie et un catéchisme pour toutes les églises catholiques de France. » — Bien que cet art. soit contraire à la doctrine de l'Église, le cardinal Gaprara approuva un catéchisme que le décret du 4 avril 1806 déclara seul en usage dans tout l'Empire: non approuvé par Rome, le catéchisme fut abandonné. L'année dernière (1892), le

Conseil d'État a condamné des catéchismes où des évêques avaient ajouté plusieurs chapitres concernant les devoirs électoraux et le divorce.

ARTICLE XL

« Aucun curé ne pourra ordonner des prières publiques extraordinaires dans sa paroisses sans la permission spéciale de l'évêque. »

ARTICLE XLI

« Aucune fête, à l'exception du dimanche, ne pourra être établie sans la permission du Gouvernement. »

Commentaire.— Toutes les fêtes liturgiques peuvent être célébrées dans l'église, et cela librement.

Le cardinal Caprara publia l'indult suivant du 9 avril 1802, pour la célébration et le nombre des fêtes : «.... Le nombre des jours de fêtes, autres que les dimanches, sera réduit aux jours marqués dans le tableau que nous mettons au bas de cet indult....Sa Sainteté a voulu cependant que dans aucune église, rien ne fût innové dans l'ordre et le rite des offices

et des cérémonies qu'on avait coutume d'observer aux fêtes maintenant supprimées et aux
veilles qui les précèdent, mais que tout soit
entièrement fait comme on a eu coutume de
faire jusqu'au moment présent, exceptant
néanmoins la fête de l'Epiphanie de Notre-Sei-
gneur (6 janvier), la Fête-Dieu, celle des apôtres S^t. Pierre et S^t. Paul, et celle des saints
patrons de chaque diocèse et de chaque paroisse,
qui se célébreront partout le dimanche le plus
proche de la fête....Sa Sainteté ordonne encore que l'anniversaire de la dédicace de tous
les temples érigés sur le territoire de la République soit célébré, dans toutes les églises de
France, le dimanche qui suivra immédiatement
l'octave de la Toussaint..... Les jours de fêtes
qui doivent être observés en France, outre les
dimanches, sont : la Nativité de Notre-Sei-
gneur Jésus-Christ, l'Ascension, l'Assomption
de la bienheureuse Vierge Marie, la fête de
tous les Saints. »

L'indult fut publié par l'arrêté suivant du
29 germinal an x (19 avril 1802). « L'indult

donné à Paris le 9 avril 1802, et qui fixe le nombre des jours de fêtes, sera publié sans approbation des clauses, formules ou expressions qu'il renferme, et qui sont ou pourraient être contraires aux lois de la République, aux libertés, franchises ou maximes de l'Église gallicane (article 1er). Le dit indult sera transcrit, en latin et en français, sur les registres du Conseil d'État, et mention en sera faite sur l'original par le secrétaire général du conseil : il sera inséré au Bulletin des Lois (article 2). »

A ces jours religieux, il faut ajouter ; 1º le jour de la Circoncision, 1er Janvier (Conseil d'État, 13 mars 1810) ; 2º les lundis de Pâques et de la Pentecôte (loi du 8 mars 1886).

ARTICLE XLII

« Les ecclésiastiques useront, dans les cérémonies religieuses, des habits et ornements convenables à leur titre. Ils ne pourront dans aucun cas, ni sous aucun prétexte, prendre la couleur et les marques distinctives réservées aux évêques. »

ARTICLE XLIII

« *Tous les ecclésiastiques seront habillés à la française, et en noir (voir ci après). Les évêques pourront joindre à ce costume la croix pectorale et les bas violets.* »

Commentaire — Depuis longtemps, le vêtement civil a été remplacé par le costume antique du clergé. De même, les franciscains, dominicains, etc., portent le costume de leur ordre. Mais un évêque a le droit d'interdire le costume à ceux qu'il juge indignes de le porter.

L'article 43 a été modifié ainsi par le décret suivant du 17 nivôse an XII (8 Janvier 1804) :

« Tous les ecclésiastiques employés dans la nouvelle organisation, savoir : les évêques dans leurs diocèses, les vicaires généraux et chanoines dans la ville épiscopale et autres lieux où ils pourront être en cours de visite, les curés, desservants et autres ecclésiastiques dans le territoire assigné à leurs fonctions, continueront à porter les habits convenables à leur état,

suivant les canons, règlements et usages de
l'Église (article 1er). Hors les cas déterminés
dans l'article précédent, ils seront habillés à
la française et en noir, conformément à l'article 43 de la loi du 18 germinal an x, 8 avril
1802 (article 2). » Nous avons dit à l'article
43 que ce 2e article était tombé en déssuétude.

ARTICLE XLIV

« Les chapelles domestiques, les oratoires
particuliers ne pourront être établis sans une
permission expresse du Gouvernement, accordée sur la demande de l'évêque. » — Ce pouvoir
exhorbitant attribué à lÉtat est opposé à la liberté des cultes ; mais le décret du 22 décembre 1812 ne fit qu'aggraver encore les dispositions de l'article 44. Quoiqu' il en soit, il
faut toujours une demande des intéressés, ap-
prouvée par l'évêque, les avis du maire et du
préfet. Il peut y avoir des chapelles dans les
prisons, les pensionnats, les lycées et collèges,
les petits et les grands séminaires, et chez les
particuliers.

ARTICLE XLV

« Aucune cérémonie religieuse n'aura lieu hors des édifices consacrés au culte catholique, dans les villes où il y a des temples destinés à différents cultes. »

Commentaire. — Cet article, contraire à la liberté du culte proclamée par le Concordat, article 1er, est opposé à la doctrine de l'Église. Il faut reconnaître que le Gouvernement n'avait décidé applicable la mesure que dans les communes ayant une Église protestante consistoriale, c'est-à-dire 6000 protestants(lettre min. du 20 germinal an xi, 10 avril 1803). Mais aujourd'hui, dans les plus petites communes, dans le but de plaire à quelques sectaires, les maires ne se gênent guère pour interdire toutes les processions catholiques.

ARTICLE XLVI

« Le même temple ne pourra être consacré qu'à un même culte. » — On a fait exception pour divers pays de l'Est de la France, où le *simultaneum* existe : les offices ont lieu dans le même temple pour les catholiques et les protestants.

ARTICLE XLVII

«Il y aura, dans les cathédrales et paroisses, une place distinguée pour les individus qui remplissent les fonctions civiles et militaires.»

ARTICLE XLVIII

« L'évêque se concertera avec le préfet pour régler la manière d'appeler les fidèles au service divin par le son des cloches. On ne pourra les sonner pour toute autre cause sans la permission de la police locale. »

Commentaire.— La loi du 5 avril 1884 a aggravé ainsi cet article : « Il pourra y avoir des sonneries civiles dans des cas déterminés, et toutes les sonneries, religieuses et civiles, seront l'objet d'un règlement concerté entre l'évêque et le préfet, et arrêté, en cas de désaccord, par le ministre des cultes (article 100). Une clef du clocher sera déposée entre

les mains du maire, qui ne pourra en faire
usage que dans les cas prévus par les lois ou
règlements. Si l'entrée du clocher n'est pas
indépendante de celle de l'église, une clef de
la porte de l'église sera déposée entre les mains
du maire, (article 101). »

Article XLIX

« Lorsque le Gouvernement ordonnera des
prières publiques, les évêques se concerteront
avec le préfet et le commandant militaire du
lieu pour le jour, l'heure et le mode d'exécution de ces ordonnances. » — Il serait mieux
de dire « quand le Gouvernement demandera
des prières.

Article L

« Les prédications solennelles appelées *ser-
mons*, et celles connues sous le nom de *sta-
tions de l'Avent* et du *Carême*, ne seront
faites que par des prêtres qui en auront ob-
tenu une autorisation spéciale de l'évêque. »
— D'après l'art. 32 de l'ord. du 30 décem-

bré 1809 sur les fabriques, « les prédicateurs
sont nommés par les marguilliers à la plura-
lité des suffrages, sur la présentation faite
par le curé ou desservant, et à la charge par
les dits prédicateurs d'obtenir l'autorisation
de l'ordinaire (de l'évêque). »

ARTICLE LI

« Les curés, aux prônes des messes paroissiales, prieront et feront prier pour la
prospérité de la République française et pour
les Consuls. » — Voir l'art. 8 du Concordat.
Les prières ont lieu à la fin des grand'messes
et aux saluts.

ARTICLE LII

« Ils ne se permettront dans leurs ins-
tructions aucune inculpation directe ou indi-
recte, soit contre les personnes, soit contre
les autres cultes autorisés par l'État. » — Le
code pénal (art. 201 à 206) prononce des peines
d'emprisonnement variant de 3 mois à 2 ans
et de 2 ans à 5 ans, et aussi le bannissement et

la détention , pour délits dans les discours ou écrits des ministres du culte ; et par délits, il faut entendre la critique ou la censure des lois et des actes de l'autorité publique. Les art. 207-208 prononcent les peines suivantes : amende de 100 à 500 francs ; emprisonnement d'un mois à deux ans ; bannissement, pour correspondance avec une Cour, une puissance étrangère, sans autorisation du Gouvernement, sur des questions ou matières religieuses. Le devoir des pasteurs est cependant de ne pas laisser passer des lois contraires à la doctrine de l'Église, comme celle du divorce, par exemple, sans protester.

ARTICLE LIII

« Ils ne feront au prône aucune publication étrangère à l'exercice du culte, si ce n'est celles qui seront ordonnées par le Gouvernement. » — De nombreuses protestations contre cet article abusif ont engagé le Gouvernement à abandonner son prétendu droit.

ARTICLE LIV

« Ils (les curés) ne donneront la bénédic-
tion nuptiale qu'à ceux qui justifieront, en
bonne et due forme, avoir contracté mariage
devant l'officier civil. »

Commentaire. — Le décret du 9 décembre 1810 (article 1er) compléta ainsi l'article
54 : « Les certificats que les officiers de l'état
civil délivrent aux parties pour justifier aux
ministres des cultes de l'accomplissement pré-
alable des formalités civiles, avant d'être admises à la célébration religieuse de leur mariage, seront assujettis au timbre de 25 cent. »

Le code pénal punit les ministres du culte
contrevenants des peines suivantes : pour la
1re fois, d'une amende de 16 à 100 fr. (article 199); de 2 à 5 ans de prison, pour la pre-
mière récidive, et de la détention pour la se-
conde (article 200). On conviendra que le code
est bien sévère pour des affaires si peu graves.

Pour le mariage *in extremis*, on n'applique pas l'article.

Le cardinal Caprara protesta vivement contre cet article par ces mots : « Les pasteurs appelés par les époux pour bénir leur union ne peuvent le faire, d'après l'article 54, qu'après les formalités remplies devant l'officier civil. Cette clause restrictive et gênante a été jusqu'ici inconnue dans l'Église. Il en est résulté deux espèces d'inconvénients. L'un affecte les contractants ; l'autre blesse l'autorité de l'Église et gêne les pasteurs. Il peut arriver que les contractants se contentent de remplir les formalités civiles, et qu'en négligeant d'observer les lois de l'Église, ils se croient légitimement unis, non seulement aux yeux de la loi, quant aux effets purement civils, mais encore devant Dieu et devant l'Église.

« Le deuxième inconvénient blesse l'autorité de l'Église et gêne les pasteurs en ce que les contractants, après avoir rempli les formalités légales, croient avoir acquis le droit de forcer les curés à consacrer leur mariage par leur présence, lors même que les lois de l'Église s'y opposeraient.

« Une telle prétention contrarie ouverte-
ment l'autorité que Jésus-Christ a accordée à
son Église, et fait à la conscience des fidèles
une dangereuse violence. Sa Sainteté, conformément à l'enseignement et aux principes
qu'a établis pour la Hollande un de ses prédécesseurs, ne pourrait voir qu'avec peine un
tel ordre de choses. Elle est dans l'intime confiance que les choses se rétabliront à cet égard
en France sur le même pied sur lequel elles
étaient d'abord, et telles qu'elles se pratiquent
dans les autres pays catholiques (que les temps
sont malheureusement changés depuis le cardinal Caprara !); les fidèles, dans tous les cas,
seront obligés d'observer les lois de l'Église,
et les pasteurs doivent avoir la liberté de les
prendre pour règles de conduite, sans qu'on
puisse, sur un sujet aussi important, violen-
ter leurs consciences.

« Le culte public de la religion catholique,
qui est celle du 1er Consul et de l'immense
majorité de la nation, attend ces actes de justice de la sagesse du Gouvernement. »

Article LV

« Les registres tenus par les ministres du culte, n'étant et ne pouvant être relatifs qu'à l'administration des sacrements, ne pourront, dans aucun cas, suppléer les registres ordonnés par la loi pour constater l'état civil des Français. »

Commentaire. — Après l'incendie des registres de l'état civil de Paris, sous la Commune (1871), on a reconstitué les actes, au moyen des actes de baptême délivrés par les églises.

« Sa Sainteté, disait le cardinal Caprara, voit aussi avec peine que les registres de l'état civil soient enlevés aux ecclésiastiques, et n'aient plus, pour ainsi dire, d'autre objet que de rendre les hommes étrangers à la religion dans les trois instants les plus importants de la vie : la naissance, le mariage et la mort. Elle espère que le Gouvernement rendra aux registres tenus par les ecclésiastiques la con-

sistance légale dont ils jouissaient précédem-
ment : le bien de l'État l'exige presque aussi
impérieusement que celui de la religion. »

Article LVI

« Dans tous les actes ecclésiastiques et religieux on sera obligé de se servir du calendrier
d'équinoxe établi par les lois de la République ;
on désignera les jours par les noms qu'ils
avaient dans le calendrier des solstices. » Article devenu nul depuis l'abolition du calendrier républicain par le décret du 22 fructidor
an XIII, 9 septembre 1805.

Article LVII

« Le repos des fonctionnaires publics sera
fixé au dimanche. »

Titre IV. — **De la circonscription des archevêchés, des évêchés et des paroisses ; des édifices destinés au culte et du traitement des ministres.**

SECTION Ire. — *De la circonscription des archevêchés et des évêchés.*

ARTICLE LVIII

« Il y aura en France 10 archevêchés ou métropoles et 50 évêchés. » — Aujourd'hui, il y a 18 archevêchés et 69 évêchés, Corse et Algérie comprises, Colonies non comprises. Voir l'article 2 du Concordat pour les bulles de circonscription.

ARTICLE LIX

« La circonscription des métropoles et des diocèses sera faite conformément au tableau ci-joint (suit le tableau modifié depuis). » — Voir l'article 2 du Concordat et l'article 58 organique. Voici le tableau des diocèses actuels de la France et de l'Algérie, avec les départements qu'ils comprennent :

I Paris. . . . . Seine.
  1 Blois. . . . . Loir-et-Cher.
  2 Chartres. . . . . Eure-et-Loir.
  3 Meaux. . . . . Seine-et-Marne.
  4 Orléans . . . . Loiret.
  5 Versailles. . . . . Seine-et-Oise.
II Aix, Arles et Embrun. . Bouches-du-Rhône, moins l'arr. de Marseille.
  6 Ajaccio . . . . Corse.
  7 Digne . . . . Basses-Alpes.
  8 Gap . . . . Hautes-Alpes.
  9 Fréjus et Toulon. . . . . Var, plus l'île Saint-Honorat (Alpes-Mar.)
10 Marseille . . . . Arrondissement de Marseille.
11 Nice . . . . Alpes-Marit. moins l'île St-Honorat.

68 Constantine........ Constantine.
69 Oran................ Oran.

SECTION II. — *De la circonscription des paroisses.*

ARTICLE LX

Il y aura au moins une paroisse dans chaque justice de paix. Il sera, en outre, établi
autant de succursales que le besoin pourra
l'exiger. » — Un décret du 30 septembre 1807
(article 1er) porta à 30 000 le nombre des
succursales à la charge du Trésor public, et
le décret du 28 août 1808 approuva la circonscription des paroisses, faite en vertu du
décret précédent.

ARTICLE LXI

« Chaque évêque, de concert avec le préfet, réglera le nombre et l'étendue de ces succursales. Les plans arrêtés seront soumis au
Gouvernement, et ne pourront être mis à exécution sans son autorisation. » — Voir l'art.

7

précédent. Cet article, attentatoire à la liberté de l'Église, fut attaqué ainsi par le cardinal Caprara :

« Article 61. Il n'est pas moins affligeant de voir les évêques obligés de se concerter avec les préfets, pour l'érection des succursales : eux seuls doivent être juges des besoins spirituels des fidèles. Il est impossible qu'un travail ainsi combiné, par deux hommes trop souvent divisés de principes, offre un résultat heureux : les projets de l'évêque seront contrariés, et, par contre-coup, le bien spirituel des fidèles en souffrira. »

ARTICLE LXII

« Aucune partie du territoire français ne pourra être érigée en cure ou en succursale sans l'autorisation expresse du Gouvernement. » — D'après l'art. 70 de la loi du 5 avril 1884, l'avis du Conseil municipal est demandé pour les circonscriptions du culte. Diverses pièces sont exigées pour l'érection d'une nouvelle cure ou succursale.

Le décret du 30 septembre 1807 (art. 8 à 13) est relatif à l'érection des chapelles paroissiales et des annexes.

Article LXIII

« Les prêtres desservant les succursales sont nommés par les évêques. » — Voir les art. 30, 31 organiques.

SECTION 3. — *Du traitement des ministres*

Article LXIV

« Le traitement des archevêques sera de 15. 000 francs. » C'est le traitement actuel.

Article LXV

« Le traitement des évêques sera de 10.000 francs. » — C'est le traitement actuel. Voir les vicaires généraux et les chanoines aux art. 21 et 35 organiques. Voir l'art. 71 pour le logement.

Article LXVI

« Les curés seront distribués en deux classes. Le traitement des curés de la 1er classe sera porté à 1.500 francs ; celui des curés de 2e classe à 1.000 francs. » — Le traitement de la 2e classe a été porté à 1,200 fr. par l'ord. du 21 novembre 1827. Les curés de 1re classe septuagénaires touchent 1,600fr. Voir l'art. 68. Il y a le casuel en plus. — Dans les cathédrales, les archiprêtres sont assimilés aux curés de 1re classe et touchent 1.500 francs. L'ord. du 6 avril 1832 décida que seraient curés de 1re classe les curés des communes de 5.000 âmes et au-dessus, et en nombre égal à celui des justices de paix, et les curés des chefs-lieux de préfecture au-dessous de 5.000 âmes (art. 1er). A Paris, de grandes églises, comme Saint-Eustache, Saint-Roch, etc. sont de 2e classe. — Un arrêté du 27 brumaire an XI, 18 novembre 1802 (art. 2), décida que chaque année, sur la demande des évêques, les curés de 2e classe passeraient à la 1re classe, quand ils se seraient distingués par leurs vertus, leur zèle et leur piété.

ARTICLE LXVII

« Les pensions dont ils jouissent, en exécution des lois de l'Assemblée constituante, seront précomptées sur leur traitement. Les conseils généraux des grandes communes pourront, sur leurs biens ruraux ou sur leurs octrois, accorder une augmentation de traitement, si les circonstances l'exigent. » — Article devenu inutile : il n'y a plus de ces prêtres pensionnés. Quant aux suppléments de traitements, il n'y a guère à y compter de la part des conseils municipaux actuels.

ARTICLE LXVIII

« Les vicaires et desservants seront choisis parmi les ecclésiastiques pensionnés en exécution des lois de l'Assemblée constituante. Le montant de ces pensions et le produit des oblations formeront leur traitement. »

Commentaire. Voir l'article précédent et l'article suivant.

En exécution des décrets des 29 juillet 1858 et 13 août 1864, le traitement des desservants a été fixé ainsi :

900fr. pour ceux de moins de 50 ans ;
900fr. pour ceux de 50 à 60 ans ;
1100fr. pour ceux de 60 à 70 ans ;
1200fr. pour ceux de 70 à 75 ans ;
1300fr. pour ceux de 75 et au-dessus.

La loi du 29 décembre 1873 a accordé 1000 fr. de traitement à 500 desservants de 50 à 60 ans.

Le décret du 30 décembre 1809 sur les fabriques, article 40, a fixé le traitement des vicaires à 300fr. au moins et 500fr. au plus. L'État assure un traitement à des vicaires : ce traitement est aujourd'hui de 450fr. (Décret du 23 mars 1872) Voir article 72 (logement).

Pour les payements par l'État, les ministres du culte doivent produire chaque fois un certificat de résidence et un certificat d'exécution de service. (Loi du 29 décembre 1876, article 13.)

Les traitements ecclésiastiques sont insaisissables dans leur totalité (arrêté du 18 nivôse an XI, 8 janvier 1803) ; mais le Gouvernement, par un avis du Conseil d'État (26 avril 1883), s'est fait autoriser à supprimer les traitements ecclésiastiques par mesure disciplinaire. Voir l'article 14 du Concordat.

Le traitement part du jour de l'installation, laquelle est relatée dans un procès-verbal du bureau des marguilliers (ord. du 13 mars 1832) : ce traitement est payé par trimestre. — Le procès-verbal d'installation des vicaires généraux et des chanoines est dressé par le chapitre (ord. du 13 mars 1832).

Une indemnité de binage a été allouée aux curés, desservants ou vicaires par l'ord. du 6 novembre 1814, le décret du 4 mai 1815 et la décision royale du 28 mars 1820.

ARTICLE LXIX

« Les évêques rédigeront les projets de règlements relatifs aux oblations que les ministres du culte sont autorisés à recevoir pour l'administration des sacrements. Les projets de règlements rédigés par les évêques ne pourront être publiés, ni autrement mis à exécution, qu'après avoir été aprouvés par le Gouvernement. » — Les difficultés entre le curé et les vicaires pour le partage des oblations doivent être portées devant l'évêque (décision ministérielle du 16 novembre 1807).

Article LXX

« Tout ecclésiastique pensionnaire de l'État sera privé de sa pension s'il refuse sans cause légitime les fonctions qui pourraient lui être confiées. » — Il n'y a plus de ces ecclésiastiques pensionnés par l'Assemblée constituante.

Article LXXI

« Les conseils généraux de département sont autorisés à procurer aux archevêques et aux évêques un logement convenable. » — Des ordonnances furent rendues (7 avril 1819, 4 janvier 1832) pour le mobilier des archevêchés et évêchés, et la loi du 26 juillet 1829, article 8, décida que le mobilier épiscopal serait fourni et entretenu par l'État.

ARTICLE LXXII

« Les presbytères et les jardins attenants non aliénés seront rendus aux curés et aux desservants des succursales. A défaut de ces presbytères, les conseils généraux des communes sont autorisés à leur procurer un logement et un jardin. » Les curés et desservants sont usufruitiers des presbytères. A défaut de logement, et seulement en cas d'insuffisance constatée des ressources des fabriques, les communes doivent aux curés et desservants une indemnité de logement. (Loi du 5 avril 1884) (article 136, n°. 11.) Sauf dans le cas dé binage d'une succursale vacante (ord. du 3 mars 1825, article 2), les vicaires n'ont pas droit au logement.

ARTICLE LXXIII

« Les fondations qui ont pour objet l'entretien des ministres et l'exercice du culte ne pourront consister qu'en rentes sur l'État. Elles seront acceptées par l'évêque diocésain, et ne pourront être exécutées qu'avec l'autorisation du Gouvernement. » Voir l'article 15 du Concordat, accordant une liberté complète pour les fondations. Une loi, du 2 janvier 1817, abrogea implicitement le 1er paragr. de l'article 73.

ARTICLE LXXIV

« Les immeubles, autres que les édifices destinés au logement et les jardins attenants, ne pourront être affectés à des titres ecclésiastiques, ni possédés par les ministres du culte, à raison de leurs fonctions. »

Commentaire. — Cet article a été abrogé par le décret du 6 novembre 1813, reconnaissant aux curés, aux évêques et aux chapitres la qualité de personnes civiles, et par la loi du 2 janvier 1817, donnant aux établissements ecclésiastiques le droit d'acquérir.

Cet article est le dernier contre lequel protesta le Saint-Siège. Voici les paroles du cardinal Caprara : « L'article 74 veut que les immeubles, autres que les édifices destinés aux logements et les jardins attenants ne puissent être affectés à des titres ecclésiastiques, ni possédés par les ministres du culte, à raison de leurs fonctions. Quel contraste frappant entre cet article et l'article 7, concernant les ministres protestants (il s'agit de l'article 7 organique des cultes protestants !) Ceux-ci, non seulement jouissent d'un traitement qui leur est assuré, mais ils conservent tout à la fois et les biens que leur Église possède et les oblations qui leur sont offertes. Avec quelle amertume l'Église ne doit-elle pas voir cette énorme différence ! Il n'y a qu'elle qui ne puisse posséder des immeubles ; les sociétés séparées d'elle peuvent en jouir librement ; on les leur conserve, quoique leur religion ne soit professée que par une minorité bien faible, tandis que l'immense majorité des Français et les Consuls eux-mêmes professent la religion que l'on prive légalement du droit de posséder des immeubles. »

La protestation se terminait ainsi : « Telles

sont les réflexions que j'ai dû présenter au Gouvernement français par votre organe ; j'attends tout de l'équité, du discernement et du sentiment de religion du premier Consul. La France lui doit son retour à la foi : il ne laissera pas son ouvrage imparfait, et il en retranchera tout ce qui ne sera pas d'accord avec les principes et les usages adoptés par l'Église. Vous seconderez par votre zèle ses intentions bienveillantes et ses efforts. La France bénira de nouveau le premier Consul, et ceux qui calomnient le rétablissement de la religion catholique en France, ou qui murmurent contre les moyens adoptés pour l'exécuter, seront pour toujours réduits au silence. Paris, 18 août 1803, signé, cardinal Caprara. »

SECTION IV.— *Des édifices destinés au culte.*

ARTICLE LXXV

« Les édifices anciennement destinés au culte catholique, actuellement dans les mains de la nation, à raison d'un édifice par cure ou par succursale, seront mis à la disposition des évêques par arrêtés du préfet du département. Une expédition de ces arrêtés sera adressée au conseiller d'État chargé de toutes les affaires concernant les cultes (min. des cultes).— Voir article 12 du Concordat. — Voir l'article 48 organique, pour les clefs de l'église et du clocher.

ARTICLE LXXVI

« Il sera établi des fabriques pour veiller à l'entretien et à la conservation des temples, à l'administration des aumônes. »

Commentaire.— Le décret fondamental des fabriques est celui du 30 décembre 1809, modifié par divers décrets, lois et ordonnances, et en dernier lieu par le décret du 27 mars 1893 sur leur régime financier.

Peuvent seules avoir une fabrique : les cures, les succursales, les chapelles paroissiales nommées *chapelles simples, chapelles vicariales, chapelles communales* (ord. du 12

janvier 1825, article 1er ; circulaires minis-
térielles des 4 juillet 1882 et 30 mars 1893).

Par *aumônes*, le Conseil d'État ne veut entendre que les offrandes et dons volontaires
pour les besoins du culte. (Avis du 13 juillet
1881). Les fabriques ne peuvent donc rien recevoir pour les pauvres.

ARTICLE LXXVII ET DERNIER

« Dans les paroisses où il n'y aura point
d'édifice disponible pour le culte, l'évêque se
concertera avec le préfet pour la désignation
d'un édifice convenable. »

TABLE DES MATIÈRES

Les articles organiques :

Titre 1er. Du régime de l'Église Catholique dans ses rapports généraux avec les droits et la police de l'État.

Titre IV. — De la circonscription des archevêchés,
des évêchés et des paroisses; des édifices des-

www.ingramcontent.com/pod-product-compliance
Ingram Content Group UK Ltd.
Pitfield, Milton Keynes, MK11 3LW, UK
UKHW021212220726
13924UKWH00003B/1492